AF310911

(Conserver cette
Couverture)

V.

29361

# LETTRE
## DV Sʀ. BOSSE,

Pour responſe à celle d'vn ſien amy, qui a
deſiré ſçauoir ce qui s'eſt paſſé, entre
MESSIEVRS DE L'ACADEMIE ROYALE
DE LA PEINTVRE ET SCVLPTVRE,
& luy; depuis la Lettre imprimée qu'il
leur a enuoyée, auec la preüue des copie-
mens, extropiemens, & deguiſemens, de
la Perſpectiue qu'il a miſe en lumiere,
faits par vn nommé LE BICHEVR dediez, à
MONSIEVR LE BRVN, l'vn des Peintres
de ladite Academie.

*Enſemble quelques remarques faites ſur vn libelle*
*imprimé ſans nom d'autheur, enuoyé audit*
*Sʳ Boſſe, par le Sʳ Chauueau, Graueur.*

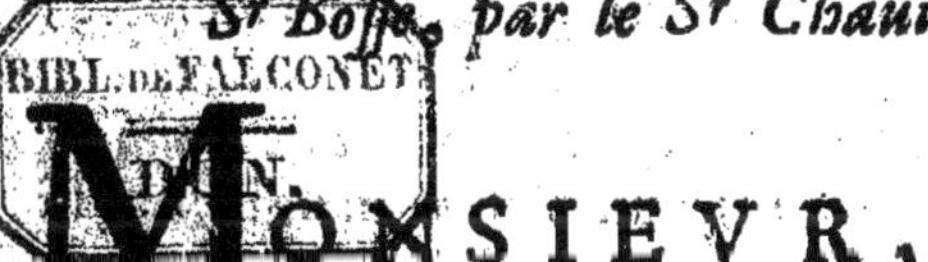


# MONSIEVR,

Ie voudrois bien m'entretenir auec vous de quelque choſe de
plus agreable, mais puis que vous l'auez deſiré par voſtre derniere Lettre, je taſcheray de vous ſatisfaire, en attendant mon
*Traité des Leçons*, que j'ay données dans *l'Academie* qui rendra
vn entier & certain témoignage à la *Poſterité*, de la verité & ſin-
cerité de mon procedé enuers ceux qui la compoſent; & que je
n'ay point violé comme pluſieurs d'entre-eux, le ſerment qu'ils
ont requis de moy en m'y receuant.
  CAR il eſt certain, que ſi j'auois obligé vne troupe des plus

grossiers de la lie du Peuple autant que j'ay obligé ces *Messieurs* qu'ils ne m'auroient pas si mal reconnu ny traitté, comme ont fait entr'autres, *Messieurs Errard, le Brun, le Secretaire, & le Copiste Plagiaire de nostre Perspectiue* ; & s'il y en auoit d'autres dans la Compagnie de leurs sentimens je les nommerois aussi : Mais je ne le croy pas jusques à present ; Quoy qu'il y en ait eu plusieurs, lesquels m'ayant fait signer vn arresté sur leurs paroles & promesses, ils n'ont pas tenu ferme pour les maintenir quoy que tres-justes & tres-raisonnables ; Et ce qui me surprent en cela, c'est qu'ils, témoignent ne pas sentir qu'ils se font plus detort qu'à moy, puisque ma signature ne leur peut seruir qu'en tenant leurs paroles ; car ayant reconnu que cét arresté dressé par le Secretaire estoit mal fait & mesme captieux, je fis refus de le signer ; ce qui obligea plusieurs de la Compagnie de me dire, que je ne rendrois point ma premiere Lettre qu'en receuant la seconde, laquelle auroit en elle les mesmes graces & priuileges que celle de Professeur, & qu'elle ne pouuoit estre autrement, puis que j'auois professé autant ou plus qu'aucun d'eux : y adjoustant qu'ils auoient encore nombre de Lettres des trente que sa Majesté leur auoit données ; & que si la Compagnie en vsoit autrement veu l'obligation qu'elle m'auoit, qu'ils quitteroient l'Academie.

Ce qui n'empescha pas, que je ne protestast hautement deuant la Compagnie en prenant la plume pour signer, que la signature que j'allois faire, n'estoit fondée que sur les paroles qu'ils m'auoient données, & non sur le contenu audit arresté, lequel quoy que tel que j'ay dit cy-dessus, les deux qualitez d'Academiste & de Conseiller ne conuiennent nullement ensemble ; puis qu'il faut auoir esté Professeur pour estre Conseiller.

I'ay remarqué que l'origine de tout ce mal, vient de *Monsieur le Brun*, & dudit *Copiste Plagiaire* ; pour s'estre imaginez aussi fors en Perspectiue qu'ils y sont foibles ; Car pour *Monsieur Errard* & le *Secretaire*, ils n'ont fait que leur seruir de tesmoins interessez.

Ie croy, Monsieur, que vous aurez bien conneu dans ma Lettre imprimée, que ce quelqu'vn de la Compagnie dont je parle est ledit le Brun, lequel n'a autre sujet de m'en vouloir, qu'à cause que j'ay destruit toutes les objections qu'il m'a faites, tant deuant la Compagnie & parties des Estudians, qu'au sujet du Traitté de Peinture attribué *à Leonard de Vincij* ; tesmoin la Lettre de *Monsieur le Poussin* si fort à son desauantage, & de l'extraordinaire estime qu'il a faite de long temps sans bonne

raiſon, de cette pretenduë nouuelle pratique de Perſpectiue
que ledit Plagiaire m'a copiée & mal deguiſée, & auſſi du
foible traitté de cette pratique qu'il s'eſt fait dedier, & finalement ce qu'il m'a dit depuis peu en pleine Aſſemblée contre verité ( ſauf correction ) qui eſt vn vray moyen de faire voir
qu'il n'entend à fonds les belles, bonnes, & faciles reigles vni-
uerſelles de ſon Art, ny la ſincere équité; s'il ne les a appriſes
depuis peu, par l'examen de ce traitté copié, que j'ay joint à
la fin de madite Lettre imprimée, auec vne Stampe contenant
pluſieurs figures; & par mon procedé & mes aduertiſſemens
dont je vous ay enuoyé vn Exemplaire : Ce qui pourroit bien
eſtre en partie, puis qu'il n'a oſé accepter l'offre que je luy ay
faite par écrit & en pleine Aſſemblée, de le rendre ſeul Iuge de
ce different, quoy qu'interreſſé; & ce qui aſſeurement le fait
craindre, c'eſt la condition d'en donner le jugement par écrit
ſigné de luy.

Monſieur, je ne doute point que ceux qui le tiennent pour vn
des excellens Peintres, ne ſoient ſurpris de ce que je viens d'al-
leguer; mais je ſçay bien auſſi, qu'il n'en ſera pas le meſme de
ceux qui ſçauent examiner ſi tous ſes ouurages ont eſté faits
par regles ou bien à l'ordinaire, qui eſt à veuë de modelle ou naturel; car on ne luy peut dénier qu'il n'aye beaucoup de feu &
de genie en ſon art; & que par ainſi il auroit rendu ſes ouurages
bien plus precis ou corrects, s'il auoit d'abord eſté inſtruit des
regles qu'il a peu apprendre en chiquanant à ſon ordinaire, &
celles qui ne ſçait pas encore; comme cela ſe pourroit cotter
ſur pluſieurs de ces ouurages, faits meſme depuis peu; & juſ-
ques à des pourtraits ſeuls & hiſtoriez, qui ont chacun pluſieurs points de veuës, & d'autres tres-notables fautes; qui
vont directement contre les veritables regles, tant au Trait ou
Contour des corps, qu'aux places des jours & ombres: Et aux
forces & foibleſſes des touches teinctes ou couleurs, pour quel-
les expriment bien leur relief; Ce que je ſçay qu'il ignoroit,
quand il me dit, que l'on deuoit deſſeigner & peindre les objets
comme on les voyoit, car cela eſt abſurde, & meſme à preſent
conneu tel de pluſieurs praticiens. Ie ſçay bien, que ces veritez
le pourront encore porter à faire compoſer quelque eſcrit ou
ſeconde Lettre d'Eſcolier ſans nom; bien que ce ſoit vne tres-
mauuaiſe & foible maniere de repartir; Car il faut en ſes matieres qui ſont de demonſtration ſoûtenir, ſigner, & ſe nommer franchement; ſur tout lors qu'on a raiſon, ſinon il vaut
mieux ſe taire, ou acquieſcer.

A ij

Pour vous faire connoiſtre qu'il n'a jamais eu raiſon de proceder contre moy comme il a fait, il eſt conſtant que je ne l'ay jamais attaqué ny rien objecté qu'en me defendant douce-ment & à l'amiable, ſans autre deſſein que de luy faire connoi-ſtre la verité, & par conſequent la nulité de ſes objections; comme lors qu'il dit en l'Academie ruë des deux boules à vn de la Compagnie deuant les Eſtudians, qu'il ſçauoit vne re-gle de Perſpectiue, bien plus facile & abregée que celle que je leur enſeignois; & par laquelle il ne falloit point faire de plan ou d'aſſiette Perſpectiue; qui eſt vne propoſition à ce faire ſi-fler: auſſi en receut-il la correction, mais bien plus douce & charitable qu'il ne la meritoit, veu ſon procedé: & de cela *Monſieur Errard* en peut dire quelque choſe, car il y eſtoit pre-ſent, ce qui luy fit dire ADIEV le profil ( & de qui ) *de Mon-ſieur le Brun.*

Et ſuis-je encore la cauſe qu'il ſe ſoit mépris, en faiſant tant d'eſtime du Liure de Leonard de Vincij, ſur la peinture, & qu'il n'en aye recôneu les erreurs & les foibleſſes, veu le grand nombre; ny auſſi celles de celuy qu'il s'eſt fait dedier, pour y auoir des Eſloges par ſon Diſciple noſtre Copiſte deguiſant, leſquelles ſans contredit, ſont plus à ſon des-honneur qu'au-trement.

Et quel tort auſſi ay-je fait à ſon amy d'apreſent ledit Errard pour l'auoir eſpargné, en ne mettant pas ſon nom dans l'Ex-traict de la Lettre que Monſieur le Pouſſin m'a eſcrite de Ro-me, touchant ce Traitté de Leonard; où il parle d'vn certain, qui y a adjouſté a ſon inçeu, les gaufes paiſages &c.

Il eſt vray, que dans vne ou deux de ces Aſſemblées, eſtant ſurpris d'entendre vne perſonne qui paſſe pour honneſte hom-me, dire des choſes ſi contraires à la verité & à ſon ſentiment, je m'eſchapé d'vſer en Geomettre du mot de faux; mais ayant remarqué que pluſieurs de la Compagnie le trouuoit rude, je fis en ſorte de l'adoucir par vn ſauf correction d'Auocat.

Et en verité, cela deuoit-il obliger ces trois ou quatre bons Meſſieurs d'aduancer en vne de leurs Aſſemblées, que ie n'a-uois point eſté conuié par la Compagnie, d'enſeigner en l'Aca-demie la Perſpectiue & ſes dependances, apres m'auoir donné la Lettre dont voicy copie, qui eſt le meilleur & le plus ciuil demanty que je leur puiſſe auoir donné.

Monſieur vous pouuez encore voir par cette Lettre, ſi Meſ-ſieurs Errard, le Secretaire, le Copiſte, & autres defunts & vi-uans, auoient raiſon de me blaſmer vn jour d'Aſſemblée, quand

ie fis lecture d'vne Lettre de Monfieur Defargues, d'auoir pris
l'Ecole pour l'Academie; ce qui mefme n'a pas efté oublié, dans
l'impertinente Lettre imprimée de l'Ecolier fans nom, diſtri-
buée chez Monfieur le Brun, & chez ce Copifte plagiaire.

Ie dis donc à ces Meffieurs, que ledit le Brun auoit auancé
dans l'Academie deuant les Eſtudians, qu'il venoit d'obtenir
vn Priuilege, pour vne pratique de Perſpectiue dudit Copifte,
laquelle eſtoit fans comparaifon plus facile & abregée que celle que je leur auois enfeignée; & par madite Lettre qui fuit,
on voit que fi j'ay failly en cela, ç'a eſté en les imitant, puis que
cette Lettre porte, que j'ay enfeigné les pratiques de Perſpe-
ctiues, & leurs dependances dans l'Academie, & non pas dans
l'Ecole.

Cecy foit dit feulement pour faire voir que ces Meffieurs
font fi charitables, que fi j'eſtois tombé ils me releueroient
bien-toſt, puis que de leurs graces ils y accourent auant mefme
que j'aye bronché, & auec telle precipitation, qu'ils tombent
eux-mefmes; & ainfi m'obligent en reuanche de les releuer.

*MARTIN DE CHARMOIS SEIGNEVR DE LAVRE'
Conſeiller du Roy en ſes conſeils, chef de l'Academie Royale de
Peinture & Sculpture; A TOVS CEVX qui ces preſentes Lettres
verront; SALVT. Ladite Academie voulant reconnoiſtre les ſoins
& les peines que le Sieur Abraham Boſſe a pris volontairement depuis trois années ( comme il en a eſté conuié par icelle ) & continué
encore à preſent d'enfeigner gratuitement les pratiques de Perſpecti-
ues & leurs dependances dans l'Academie auec beaucoup de fruit
& d'vtilité pour la jeuneſſe, & conſiderant les belles lumieres & la
connoiſſance qu'il a des Arts de Peinture & de Sculpture, auroit de
l'auis de toute l'Affemblée receu ledit Boſſe en ladite Academie en
qualité d'Academiſte honnoraire pour y auoir ſeance & voix deliberatiue en toutes les Affemblées, lequel auroit à cét effet preſté le ſerment en tel cas requis, promis & juré d'en obſeruer les Statuts; E N
F O Y dequoy nous luy auons fait expedier ces preſentes ſignées de
noſtre main, ſcellées du Sceau de ladite Academie, & contre-ſignées
par vn des anciens en nois. A Paris ce deuxiéme jour de Decembre
1651. Ladite Lettre eſt auffi ſignée du Secretaire.*

Mais, Monfieur, vous ſcaurez que Monfieur le Brun apres ce
coup de maſſuë, s'auifa de dire encore que c'eſtoit *Monſieur de
Charmois* qui eſtant mon amy, m'auoit donné cette Lettre fans
le ſceu de la Compagnie, ce qui fut auffi en quelque forte
appuyé de Monfieur Errard & du Secretaire.

Et je leur demande encore, si je suis coupable ou eux, de ce qu'ils furent derechef conuaincus en cela d'espargner verité, lors que *Monsieur le Directeur* dit au Secretaire, de chercher dans le Registre des deliberations, s'il n'y auoit pas d'Acte ou d'Arresté de cette Lettre, lequel l'ayant cherché & recherché auec en'apparence bien de la peine, puis trouué & leu tant bien que mal; on vit par iceluy, que cette lettre m'auoit esté donnée du consentemēt pur & libre de toute l'Assemblée, & méme de celle de Messieurs les Maistres Peintres & Sculpteurs, qui pour lors s'y trouuoient, à cause de leur jonction à ladite Accademie; Estant tres-vray que si Monsieur le Secretaire estoit d'humeur à rendre cette verité, il diroit que feu Monsieur son frere & luy, m'apportant le projet de madite lettre, qu'ils me dirent de la part de Monsieur de Charmois & de la Compagnie, ne trouuer mauuais cette restrinction d'Accademiste honnoraire, & que sçauoit esté Messieurs les Maistres qui l'auoient desiré, disant pour raison qu'il n'estoit pas bon, que j'eusse la liberté de vendre & entreprendre de leurs ouurages.

D'auantage ay je offensé Monsieur le Brun, en luy offrant ou consentant, quoy qu'il parust estre mapartie, qu'il fust le seul juge ou arbitre du diferend entre son Copiste & moy, à condition d'en signer son resultat; & au contraire n'estoit-ce pas luy faire honneur; Et en le refusant ne s'est-il pas fait tort, veu qu'il auoit tant prisé cette pratique, & jusques à en auoir comme i'aye dit obtenu le Priuilege, lequel sans nulle doute, ne luy auroit esté accordé; si Monseigneur le Chancelier auoit sçeu ce qu'elle estoit; puis que rarement en donne-il pour de bonnes copies & nullement quand le priuilege de l'Original n'est pas expiré.

Ie demande aussi, si c'est traitter en personnes sçauantes, & qui doiuent auoir affection pour les bons originaux, d'empescher que l'Accademie jugeast ce differend à l'amiable, & de la persecuter au point de me renuoyer en justice; Et de plus luy cōseiller des choses au prejudice de ce qu'elle doit & de ces priuileges, luy qui en estoit le Chancelier, ainsi je demande, si c'est satisfaire au serment que l'on doit auoir fait à sa reception, que d'en vser de la sorte.

Deplus, ay-je offensé la Compagnie d'auoir fait à sa requisition vn Ordre touchant l'instruction ou l'institution ample des Estudians en la pratique de l'art, & lequel doit estre enregistré dans le liure des deliberations; comme je puis faire voir par vn que j'ay double signé de l'ancien en mois & du Secretaire, en Iuin 1653.

D'abondant, ay-je encore desobligé ladite Cõpagnie, defaire à sa requisition; cét ample Traitté manuscrit auec pres de trois cens Figures, & tout prest à present d'estre imprimé; sur ce que je trouuois manquer à nos Estudians outre la Perspectiue, dont la liste est dans la cinquiéme page de ma lettre imprimée, que je nommois ses dependances; mots ou Monsieur Errard voulant trouuer à redire, montra bien par là vne partie de ce qu'il ignoroit.

Lequel trauail fait, l'ayant leu & expliqué à la Compagnie en pleine Assemblée, ces Messieurs presens; elle me pria de les aller enseigner aux Estudians, ce que je commencé à l'heure mesme.

Ils trouuerent aussi tres à propos & pour cause, que les anciens ou Professeurs pour lors en mois, signassent ces Leçons à mesure que je les aurois données, & mesme qu'il y en a que ce Secretaire a signées sans en estre requis.

Or apres cela, peut-on auec raison m'accuser d'auoir fait ce trauail sans ordre, & en verité n'est-ce pas vouloir s'aueugler soy-mesme, pour nier la lumiere en plein jour, & auoir la memoire bien courte, de ne se pas souuenir que j'ay eu malgré eux, vn acte signé de sept de la Compagnie, & lesdites Leçons signées, qui confirment tout ce que j'ay dit; & par consequent détruit ce que ces Messieurs ont aduancé là dessus; comme vous allez voir cy-apres; ce qui confirme ce dire commun, qu'il faut pour bien mentir auoir bonne memoire.

Ils ont encore oublié d'auoir esté du nombre de ceux qui apres leur auoir rendu la defferance & à la Compagnie, de luy demander de qu'elle sorte elle desiroit que venant à faire imprimer ces Leçons, ainsi que je leur auois dit; je le fisse comme je les auois baillées, sçauoir en resultat de leurs soins pour leurs Estudians, & ainsi que les Professeurs les auoient signées; ou bien en resultat des miens, comme lors que je n'estois pas de leur corps : de m'auoir dit vne fois, *que je les fisse imprimer en mon nom seul, d'autant qu'ils n'y auoient rien contribué*; Et puis vne autre fois, *que ce fust comme à leur nom, à condition d'en oster le nom de Monsieur Desargues:* Et sur ce que je ne voulus pas accepter cette derniere condition, ils m'ont tenu de leur grac, jusques à present sans m'en donner aucun acte, quoy que je consentois, qu'ils le fissent tel qu'ils voudroient.

Cela m'obligea de me contenter de celuy, donc voicy copie, signé de sept de la Compagnie, qui ne voulurent passer pour auoir refusé de me donner vne chose si raisonnable; ny fait de ſemblables propoſitions , & ſur toutes la derniere , qui eſt payer d'ingratitudes & extrémes mé-connoiſſances , vne perſonne à laquelle tous ceux de l'Art de Peinture, Pourtraiture, ou Perſpectiue , Sculpture & Architecture , preſens & à venir, doiuent reconnoiſtre qu'ils ont obligation.

NOVS ſous-ſignez de l'Academie Royale de la Peinture & Sculpture , reconnoiſſons qu'auparauant qu'il fuſt parlé de cette Academie , Monſieur Boſſe ayant mis au jour vn liure entre autres de la maniere vniuerſelle de Monſieur Deſargues , pour pratiquer la Perſpectiue autrement la Pourtraiture , & ladite Academie ayant par ces deleguez prié ledit Sieur Boſſe , de vouloir y venir expliquer ladite Perſpectiue aux Eſtudians en icelle , à la pratique de l'art de Pourtraire ; ce qu'il auroit courtoiſement accordé & effectué durant des années auec de notables ſuccés ; en témoignage & reconnoiſſance dequoy, ladite Academie luy auroit de ſon plein gré donné ſa Lettre d'Academiſte honnoraire , pour auoir ſceance & voix deliberatiue en toutes ces aſſemblées , & pour y expliquer auſdits Eſtudians la Perſpectiue & ſes dependances ; dont & dequoy ſuiuant la coûtume & les formes , ledit Boſſe auroit preſté le ſerment , apres quoy d'vn commun accord de la Compagnie , il auoit à diuerſes fois recommencé ladite explication de la Perſpectiue , à laquelle il auroit joint l'enſeignement de choſe de la Geometrie pratique , & autres particularitez propres à eſtre ſceuës en celle dudit Art de Pourtraire, & de plus encore ſur les preceptes que d'abondant il auroit receus de nouueau dudit Deſargues , & deſquels il auoit donné ſimplement auis dans ſondit liure ; il auroit pour comble d'inſtruction auſdits Eſtudians enſeigné bien au long, vn ordre methodique & demonſtratif à ſuiure & tenir , pour conduite aſſeurée en la pratique de Pourtraire à la veuë du naturel ; Et cela par des Leçons ſignées de l'ancien de la Compagnie alors en mois ; ce qu'il auroit toûjours fait au nom, & comme en reſultat des ſoings de l'Academie , à rechercher au poſſible tout ce qui ſe pourra trouuer en quelque ſorte ou maniere, ſeruir & contribuer au prompt & ſolide auancement deſdits Eſtudians , à l'intelligence & des raiſons à ſçauoir, & des moyens à tenir en ladite pratique ; ce que ledit Sieur Boſſe ayant intention de mettre en lumiere , il auroit rendu cette defference à la Compagnie, de mettre à ſon option, ou qu'il la fiſt en Academiſte ſuſdit , au nom & comme vn effet des ſoins de ladite Academie , ou comme ſes autres œuures d'auparauant qu'il fuſt Academiſte en ſon nom ſeul ; demandant acte en forme de ſa deliberation là deſſus ; pour laquelle choſe auans des anciens & Academiſtes ſe trouuans aſſemblez , vne par-

tie

tie enfin d'assemblée, declarerent de parole audit Sieur Bosse, que la Compagnie auoit agré l'honneur qu'il luy vouloit faire, en mettant de tres-belles choses en lumiere au nom de son Corps; mais ne pouuoit consentir qu'il y laissast le nom de Monsieur Desargues; à quoy sur le champ ledit Sieur Bosse répondit, qu'en homme d'honneur il ne deuoit ny ne pouuoit l'en oster.

ET nous-dits, sous-signez, luy auons donné cette presente declaration, qu'en tant qu'en nous est, & pour la part que nous auons & faisons en ladite Académie, nous reconnoissons & agréons l'honneur qu'il témoigne luy vouloir faire, en publiant au nom d'icelle, des preceptes bien conceus pour le sur & facille auancement à venir des Estudians à la pratique de Pourtraire, au lieu de l'y mettre comme ces precedantes œuures en son nom seul. Fait à Paris ce premier jour de Iuillet mil six cens cinquante-cinq. Signé en l'original.

M. CORNEILLE, *en mois.*      C. VIGNON.

LAVRENT DE LA HYRE.  S. BERNARD.  FERDINAND.

CH. MAVPERCHE.      MONTAGNE.

IVGEZ donc s'il vous plaist Monsieur, du contenu en cét acte, & des alleguez de ces trois ou quatre Messieurs; car pour Monsieur le Directeur ce qu'il a fait & dit, n'a esté que sur les rapports dont il s'est laissé preuenir.

Il est bien vray qu'ils ont blâmé & blâment encore ces Messieurs d'auoir signé cét acte, & mesme les ont solicitez à le reuoquer, mais quoy qu'il leur appartient de droit de desseigner, ce n'est pas pourtant de la sorte qu'ils en veulent vser.

On peut donc juger sur ce que dessus, du procedé de ces trois ou quatre Messieurs, lesquels n'ayant sceu comme l'emporter sur moy; Tout le meilleur moyen qu'ils ont pû trouuer, a esté côme j'ay dit, de preuenir par des donnés à entendre à leur ordinaire, Monsieur le Directeur; Et de telle sorte, que je n'ay jamais pû obtenir de luy vn moment d'audiance ny réponce sur quatre ou cinq Lettres que je me suis donné l'honneur de luy écrire, pour luy faire entendre la justice de ma cause; laquelle Dieu mercy n'en est pas affoiblie pour cela.

Il est vray qu'vn jour d'assemblée y estant venu, & s'estant fait lire par le Secretaire, ce qui s'estoit passé en son absence,

& par ainſi quelques particularitez qui me concernoient; Ces trois Meſſieurs, *Errard*, le *Brun*, & le *Secretaire*, recommencerent contre moy leurs belles allegations, & comme il s'agiſſoit d'effectuer les promeſſes que l'on m'auoit faite, de me donner ma Lettre en la forme dite, & moy de rendre la premiere; Ie prié Monſieur le Directeur & la Compagnie, de me vouloir traiter en cela, comme d'autres qui auoient eü leur ſeconde Lettre auant que de rendre leur premiere; & meſme noſtre Copiſte plagiaire qui rendit dans ce meſme jour ſa derniere, ayent eu l'autre deux mois auparauant; & auſſi que *Meſſieurs Sarraſin*, *Sceue* & *Bernard*, rendirent témoignage d'auoir encore leur premiere; outre *Meſſieurs Bourdon, Montagne & autres*, qui m'en ont dit le meſme, & de plus *Monſieur Champagne*, qui ma témoigné n'auoir point la ſeconde, ſe contentant de ſa premiere.

Lors Monſieur le Directeur prenant ma ſupplication pour vn refus de bailler ma Lettre, proteſta d'vn ton extraordinairement éleué, qu'il abîmeroit plütoſt l'Academie, que de ſouffrir que l'on me baillaſt la ſeconde Lettre auant que j'vſſe rendu la premiere; Ce procedé & autre, me fit croire que cela eſtoit de concert entre luy & ces trois ou quatre Meſſieurs, & deux Officiers des Bâtimens; quoy que contre tout ordre.

Et afin Monſieur, que vous ſçachiez ce que c'eſt que ces premieres & ſecondes Lettres; C'eſt que Monſieur de Charmois dont vous connoiſſez la vertu, le merite & le ſçauoir; a eſté le premier qui a eu la penſée de faire eſtablir cette Academie, par Lettrespatentes de ſa Majeſté, en a fait les diligences & en eſt venu à bout; & que ceux qui y ſont entrez de ſon temps, ont eü chacun vne Lettre ſignée de luy & ſeellée; approchant du formulaire de la mienne cy-deuant.

Que du depuis, ledit Sieur de Charmois eſtant abſent, Monſieur le Directeur d'apreſent, ayant eu la bonté de procurer à l'Academie de nouuelles Lettres du Roy, toutefois confirmatiues des precedentes; portant vn don de mil liures par An, Priuileges & logement; de ſorte que cela obligea pluſieurs de la Compagnie, de le regarder comme vne perſonne qui les ayant ainſi obligez, meritoit de le reconnoiſtre, & de luy demander la continuation de ces biens-faits, & leur conſeruation; Et par ainſi s'engagerent à le prier de trouuer bon d'eſtre leur Chef; Ce qu'il accepta en changeant ce nom en celuy de Directeur; Ils le receurent donc pour tel, ſans en rien écrire ny faire sçauoir à Monsieur de Charmois, lequel par ce moyen fut exclus de sa Qualité & ainsi de l'Academie ; Mais estant de retour de son voyage, & sçachant cela, il en vsa tres-bien à mon sens ; & me dit que nombre de la Compagnie luy estoient venus témoigner leurs ressentimens, de ce qui s'estoit passé, & à mesme temps me demanda si j'estois de ceux qui auoient signé sa demission ; Ie luy repartis que je croyois n'auoir signé ny à demission ny à Election ; il me témoigna donc estre tres-satisfait de voir que le seul logement de l'Academie, estoit en apparence vn appuy pour la faire plus long-temps subsister, qui estoit vne partie de son souhait, mais qu'il craignoit que tout ce faste de Chancelier, Recteurs, Conseillers, Treso-rier, & Secretaire, ne fussent des semences de brigues & diuisions, qu'il auoit voulu éuiter en ne les créeans pas : Ce qui est assez vray-semblable, car du depuis cela il n'y a eu que mes-intelligences tres-prejudiables.

Ainsi Monsieur vous voyez d'où deriuent ces premieres & secondes Lettres, & que ces secondes, veulent faire perdre la memoire des premieres.

Mais il me semble, que l'on deuoit bien au sçauoir & merite de Monsieur de Charmois, & aux soings qu'il a si genereusement pris pour cét establissement, de conseruer & garder ces Lettres, afin de ne pas violer ce que tous les membres de la Compagnie presents & à venir luy doiuent.

Pour moy, je vous declare hautement icy touchant ce qui me regarde, ainsi que je l'ay fait de vifue voix en l'Academie & par escrit signé ; que la Compagnie ne m'ayant pas tenu leur parole sur laquelle j'ay signé, je proteste nulité de mon seing ; Et de plus en ce que je les ay veus sans replique, lors qu'vne seule voix les menassoit tous de la derniere des punitions, qu'vn estre independant peut deployer sur ses creatures, s'ils ne la suiuoient ; quoy que contre l'ordre ordinaire ; Que je me contentois de ma premiere Lettre, des Actes que j'ay & de mes Leçons signées ; pour prouuer la droiture de mon procedé, pour le bien, vtilité, & honneur de l'Academie, & affection de ne violer mon serment ; à la honte & confusion de ces Mes-sieurs : Ainsi je pris congé de la Compagnie, m'assurant que j'au-ray comme je croy, plus de contentement en ne perdant point mon temps & mes peines, à donner ces Leçons dans vne telle Academie, que de les y donner ainsi gratuiment, pour n'en re-ceuoir qu'ingratitudes & ergotteries cachées, & mesmes des injures ; Et de voir encore que ceux qui deuroient les premiers porter les Eſtudians au plus vray, plus prompt & facile moyen de s'auancer en la pratique de leur Art ; font tout leur pouuoir de les en détourner.

Et veritablement, n'euſt eſté l'affection & amitié cordiale que j'ay receuë de quelques vns de la Compagnie, & l'inclination de les reconnoiſtre, & celle de corriger les erreurs que le plus grand nombre de ſes Eſtudians commettoient, je n'y aurois pas tant ſouffert; Et je croy à preſent, qu'il ſuffira pour les conuaincre pleinement, de mettre au plûtoſt en lumiere mon Traité des Leçons, celuy de l'Architecture Ciuile; celuy de la Pourtraiture pour les nouueaux Eſtudians, & celuy des proportions du corps humain.

Mais à propos de proportions, vous ſcaurez que je fus bien eſtonné lors que l'on me dit, que Monſieur Errard auoit formé plainte contre moy dans l'Academie, de luy auoir copié des figures Antiques que luy-meſme aduoüe n'auoir pas ſeulement encore fait grauer, & à plus forte raiſon imprimer; & qu'il en auoit vn Priuilege dés il y a huit ans.

Et moy je réponds à cela, que j'ay graué & mis en lumiere il y a plus de quatre ans, celles dont il ſe plaint à tort, & ce, en vertu d'vn Priuilege verifié en Parlement, obtenu bien auant le ſien.

Il replique, qu'il en auoit donné les deſſeins à vn ſien amy, lequel à la verité ma fait la grace de me laiſſer copier ceux qu'il auoit, & ce dés il y a ſeize ans, puis vnze ans apres ne me donna pas ſeulement la liberté de les grauer & faire imprimer, mais encore m'en pria: Cét amy qui eſt Monſieur Freart Sieur de Chambray, luy en a écrit & confirmé ce que je viens d'en dire : Dauantage ledit *Sieur Errard* ſçait, que pluſieurs perſonnes en ont des copies, leſquelles il dit luy auoir eſté derobées, il auance que Monſieur de Chambray luy a manqué de parole, ce que je ne puis croire; Ils ne demeurent pas d'accord de leur dire; jugez ſi j'ay droit dentrer en cette conteſtation, & s'il a auſſi droit de s'en prendre à moy quand meſme il ſeroit aueré, qu'il euſt fait & meſuré ces deſſeins ſur leſdites figures Antiques; & qui à le bien prendre ne ſont encore que des choſes incomplettes & mal reglées pour les Eſtudians, quoy qu'ils peuuent ſeruir à d'autres, en attendant d'eſtre accompagnées de ce qui leur manque, lequel j'eſpere faire Dieu aydant.

Ie diray de plus au ſujet dudit Monſieur Errard, que ſon humeur tres-intereſſée, fait que j'excuſe s'il ſe méprend & ſe dedit affez fouuent, car il me fouuient comme auffi à plufieurs de l'Academie qu'il nous a recité, que Mr le Directeur voulant faire entrer en ladite Academie M. L V. il l'en auoit diffuadé, & neantmoins du depuis il a plufieurs fois brigué & fait en forte que deux ou trois Officiers des Bâtimens, & autres y ont contre tout ordre donné leurs voix, pour emporter par la pluralité ce qu'il auoit projetté.

Mais pour reuenir à mon depart de l'Academie, j'appris le l'endemain qu'alors que j'en fus forty, il y eut grande contestation & bruit entre plufieurs de la Compagnie, les vns eftans pour la juftice de ma caufe, & d'humeur à tenir leurs paroles, & quelques autres contre, Monfieur Bourdon, en vint aux groffes paroles, ne pouuant foufrir fans repartir, que Monfieur le Brun me traitaft comme il faifoit, enfemble noftre copifte plagiaire, qui s'eftoit mis à déclamer contre moy, lors que je fus forty, n'ayant jamais ofé rien dire en toutes les affemblées quand j'y eftois l'on crût ces paroles & ces emportemens terminez, par l'entremife de quelques vns de la Compagnie & de Monfieur le Directeur, & le franc & droit procedé dudit Sieur Bourdon, ( lequel de fa grace ma rendu témoignage par écrit de la juftice de ma caufe; ) Mais le l'endemain fa partie qui n'en vfe pas de la forte rendit le Sceaux de l'Academie, témoignant s'en vouloir retirer, qui font des feintes à fa mode. Enfin ce mefme jour Monfieur le Directeur deputa Monfieur Corneille pour me propofer de fa part, de vouloir mettre entre les mains dudit Corneille ma premiere Lettre, & qu'il m'apporteroit en fuite le projet de la feconde, lequel ne trouuant pas à mon gré, il me rendroit madite Lettre.

A cela je confideré, qu'il deuoit pour bien appuyer fa commiffion, auoir cét Ordre de la Compagnie; luy difant qu'il ne me fembloit à propos, bien que je le cruffe mon amy & treshomme d'honneur, de faire voir, luy confier vne chofe que l'on difoit que jauois refufée à tout le Corps; & de plus que Monfieur le Directeur s'eftant declaré au point de pretendre me faire voir que la Compagnie ne pouuoit me tenir ce qu'elle mauoit promis pour me faire figner leur arrefté, qui eft que la Lettre que l'on me bailleroit porteroit comme j'ay dit les mefmes graces & Priuileges que celle des Profeffeurs, qu'il n'y auoit lieu d'en dreffer vne qui luy fuft contraire, puis qu'il fçauoit que j'auois protefté deuant luy & la Compagnie, ne figner ledit arrefté qu'à cette condition: Eftant à remarquer que j'auois dit audit Sieur Corneille, qu'il pouuoit dire à Monsieur le Directeur pour qu'il n'eust lieu de se plaindre, auoir voulu presentir mes sentimens, auant de me declarer que cette proposition venoit de luy.

Mais ayant comme je croy fait ce rapport, je n'en ay rien sceu dauantage.

Donc Monsieur, apres mon à dieu de bouche en l'Assemblée suiuante au dernier Samedy du mois d'Octobre, je l'enuoyé par écrit, & quelques sentimens & aduis charitables à toute la Compagnie, pour lesquels je receus le Vendredy d'apres vn estrauagant écrit billet, dressé sans doute du pur caprice du Secretaire, l'ayant bien conneu par son stile mal conceu, & son orthographe, où il m'a fait vne sommation de Sergent, de me trouuer en l'Assemblée le l'endemain, pour satisfaire & estre present à l'arresté (qui estoit à dire) rapporter ma Lettre, & à l'examene (comme il parle de mes Lettres missiues.)

I'enuoyé donc derechef sur cela mes sentimens par écrit en l'Assemblée au Professeur en mois, le franc & loyal Monsieur Mauperché, qui comme je croy auoit signé ladite sommation sans bien penser à son contenu; les renuoyans à mon à dieu de viuc voix, & à madite Lettre d'auis; & proteste à present au grand contentement de mes enuieux, & du bien & honneur de l'Academie, & aussi de l'auancement de ces Estudians, que je tire à gloire qu'ils ayent ainsi traité vn de leurs membres apres leur chef, le vertueux & curieux Monsieur de Charmois.

Ie croy aussi, que l'on ne doit mettre en doute, que la fonction que je faisois dans l'Academie, fust inferieure à celle de poser vn modelle en astitude ou action vn mois de l'année, deux fois au plus chaque sepmaine; & de cela ma Lettre, mes Actes & mes Leçons, en peuuent rendre vn témoignage certain.

Ainsi ne faisant dans l'Academie que la seule fonction de poser ledit modelle, ces deux ou trois Messieurs n'obligent point les Estudians, par le bruit de ce nom de Seulle & de Royale, au contraire puis qu'auant son establissement il y en a eu dans Paris jusques à quatre en diuers quartiers, qui estoit vne bien plus grande commodité pour les diuers éloignemens des Estudians.

Il est vray que dans vn article de ces derniers Status il y a, que l'on y doit enseigner la Geometrie, les Mathematiques, la Perspectiue, l'Architecture & l'Anathomie; ce qui sans contredit doit auoir esté redigé par ces trois ou quatre Mes ſieurs, & ſur tout par le Secretaire, qui n'ont pas crû que les Mathematiques compriſſent la Geometrie & la Perſpe-ctiue, & que celuy qui ignoreroit la Geometrie & les regles de la Perſpectiue, n'euſt pas droit de ſe dire Mathematicien.

Et apres tout, ces Meſſieurs ont tant fait, que cette Acade-mie eſt reduite depuis quatre ou cinq ans, à deſſeigner ſimple-ment à veuë d'œil, voulant qu'il ſuffiſe que les fondamentales & preciſes inſtructions ſoient ſeulement cottées dans leſdits *Status*; car ainſi faiſant les Eſtudians ne pourront trouuer à redire aux ouurages de ceux qui ſans raiſon veulent paſſer pour ſçauoir ces regles, comme cela eſt arriué, & croiront toûjours que la Perſpectiue & la Pourtraiture ſont choſes differentes, quoy qu'vne meſme; & que le mot de ſes dependances ne ſoient pas la Geometrie pratique, la pratique de leuer les plans, pro-fils & éleuations des objets de relief, acceſſibles & inacceſſi-bles; & de trouuer la place de leurs jours, ombres, & ombra-ges, auec l'affoibliſſement de leurs couches, teinctes, ou cou-leurs, & le meſme du Perſpectif.

Iugez donc encore apres cela, ſi à moins que de vouloir fa-uoriſer leſdits Copiſte & le Brun, l'Academie a deub me de-nier l'examen de cét ouurage, & duquel je les rends encore ju-ges, ou bien celuy ou ceux qui voudront eſlire, aux conditions preſentées à Monſieur le Brun, autrement d'en faire la deci-ſion en l'Academie entre ces deux Meſſieurs & moy, & ſi en cela & ſur ce que deſſus, je n'auois eſté bien fondé; comment ces Meſſieurs m'auroient ajuſté. Auſſi ſe qu'en a écrit le Sieur Chauueau dans ſon libelle, fait voir éuidemment que ledit Bi-cheur a copié de Monſieur D. & de moy, outre qu'il a dit à pluſieurs perſonnes que c'eſt vn ridicule ouurage.

Et afin que les francs praticiens de la Pourtraiture ou Per-ſpectiue, cônoiſſent encore la foibleſſe de ce Copiſte en ſa pre-tenduë pratique, que meſme il n'entend pas, ils n'ont qu'à voir ſur la fin de ſon liuret, s'ils ont la curioſité de voir quelque choſe de mal fait, la repreſentation d'vne ſimple baze & cha-piteau de colomne Toſcane, leſquelles ſont ſi contraires au vray, nonobſtât les huit points qu'il a trouuez par mon moyen, ſans meſme ſçauoir celuy de s'en bien ſeruir, qu'en ſe ſeul de-faut il paroiſt eſtre tres-peu ſçauant en cette pratique, qui n'eſt à preſent qu'vn joüet à ceux qui l'entendent; ce qui me confir-me, que Monſieur le Brun & luy ne ſe ſentent pas de joye d'a-uoir empeſché que Meſſieurs de l'Academie n'ayent examiné leur foible Traité; Mais comme ce Copiſte n'eſt pas encore en asseurance pour ce larcin, l'on m'a raporté qu'il s'aduise à present de publier de bouche en entendant l'écrit, qu'il a pris ladite pratique dans vn Traité tres-ancien, & duquel il dit que Monsieur Desargues a tiré la nostre, & le tout sans nommer, ny l'Autheur, ny le lieu où il est imprimé ; & ce qui est de plus extrauagant, sans penser que si cela estoit, il s'attribuë donc à tort d'en estre l'inuenteur, & d'auoir par cy-deuant dit qu'elle estoit de Monsieur Aleaume ; ainsi c'est l'ordinaire de ceux qui se noyent de se prendre à tout.

Pour conclusion je suis certain, que si MONSEIGNEVR LE CHANCELIER, qui a eu la bonté de prendre en sa protection ladite Academie, sçauoit la verité de se qui s'y est passé depuis quelques années, lesdits Sieurs le Brun, & Errard, quoy qu'en quelque sorte de credit à present, courroient risque d'estre censurez ; estant honteux de voir de tels procedez.

C'est donc Monsieur, jusques à present ce que j'ay à vous dire sur ce sujet, protestant deuant Dieu, que si en se démeslé mon honneur & mon bien n'y estoient fortement engagés; Et de plus que j'ay appris que ce libelle Chauueau, a esté porté à plusieurs de l'Academie, par l'Huissier d'icelle auec les billets; Ie n'en aurois jamais rien dit ny écrit; car pour ce qui est de la bonté, facilité, & vniuersalité des choses que j'ay mises au jour & enseignées; Elles parlent assez d'elles-mesmes contre les Lettres & libelles de nos enuieux malins, & ce Traité Copié lequel a déja couru entre les mains de personnes sçauantes en ces matieres, qui en ont dit leurs sentimens à Monsieur le Brun & à son Autheur, desquels ils ne se vantent pas. Et pour les ingratitudes receuës, elles les touchent de plus prés que moy.

Mais lors qu'il s'agit de vouloir brunement m'imputer des choses qui ne tendent comme j'ay dit, qu'à me vouloir faire passer pour menteur & pour fourbe artificieux, & à me rauir mon bien contre toute justice ; je croy en equité, estre obligé de m'y opposer, non en repoussant l'injure par l'injure, mais bien par la verité son contraire ; voylà Dieu mercy jusques à present l'humeur de celuy qui est,

MONSIEVR,

Vostre tres-humble & tres-<br>
affectionné seruiteur<br>
A. BOSSE.

# REMARQVES

*Faites sur vn libelle imprimé sans nom, que Monsieur Chauueau le Graueur a enuoyé au Sr Bosse, auec Lettres qui témoignent que son frere le M. en est l'Autheur.*

QVoy que le merite & le sçauoir de *Monsieur Desargues* luy ayent attiré beaucoup d'enuieux, neantmoins, il ne s'en est point trouué jusques à present, qui l'ayent repris auec raison, ny qui ayent pû prouuer de quelque maniere que se soit ; ce qu'ils ont allegué contre aucun de ses ouurages.

L'vn de ces enuieux m'a depuis peu enuoyé vn libelle imprimé, croyant comme il m'a écrit, me mortifier, en pretendant de décrier les Traite z que j'ay mis au jour sur les preceptes dudit Sr Desargues, & satisfaire la passion *d'vn supposé inconnu remply de tenebres qui ayant trahy son party, fuit la lumiere, comme la chauve-souris d'Esope.*

Mais quelque menteur & malicieux que soit l'Autheur de ce libelle, il se trouue contraint sans y penser, de rendre témoignage à la verité; s'estant tellement embroüillé dans les aduertissemens qu'il donne à cét inconnu, pour qui il témoigne auoir fait ce libelle, *de se bien donner garde de laisser sortir de son Cabinet ses foibles & laches écrits,* à qui toutefois il donne les éloges *d'agreables, de diuertissants, & pleins d'enjoüements,* faits contre Monsieur Desargues & contre moy, & vne infinité d'autres galimatias, & recits en dits & dedits ambigus & extrauagants, qui neantmoins fait voir que j'ay eu raison d'accuser le Sieur Bicheur, d'auoir copié & mal deguisé vne partie de nostre pratique de Perspectiue, ainsi qu'il se peut remarquer par ce qui suit, que j'ay tiré dudit libelle sans en rien deguiser, comme il a fait de nos écrits & discours.

Il y dit, page 3. ligne 10. *Qu'il ne voit point que l'on ne doiue estimer Monsieur Desargues, inuenteur de sa pratique de Perspectiue, puis qu'il est certain qu'il a fait des choses bien plus difficilles. Et en la mesme page lig. 23. Qu'il en trouue les instructions tres-bonnes pour les choses de son intelligence.*

C

En la page 4. lig. 18. Il reconnoift, *que Monfieur Defargues a ajoûté à la pratique de feu Monfieur Aleaume, les droites fur le plan d'affiette, paralelles à la baze du Tableau,* qui font les Efchelles de front placées de diftances en diftances *contenuës entre cette baze & l'horifontale, par moitié, tiers, quart, &c.* Et ajoûte, *que cela n'a point efté connu dudit Aleaume,* ce qui doit auffi fans contredit eftre entendu des menuës parties fuyantes, & proportionnément des pieds ou efchelles de front de coupe en coupe, qui donnent la proportion de la force & foibleffe des touches teintes, ou couleurs, pour exprimer à l'œil le relief des corps ; & finalement de fon deuis Geometral & Perfpectif, dont autrefois cét Efcriuain m'a fait tant d'eftime, & dit *qu'il s'en feruoit pour la pratique d'vne, laquelle il auoit faite, ce qu'il aduoüe encore en fon libelle ainfi que vous allez voir.*

Car vers le bas de ladite page 4. lig. 29. parlant comme je croy à fon Monfieur caché & ombragé, il met, *fi vous me repondez que c'eft peu de chofe, je vous affureray pourtant que cette pratique* ( qui eft à dire celle de Monfieur Aleaume ) *en reçoit vne grande augmentation, & que c'eft fur cette baguatelle que j'ay fondé toute la facilité de la mienne.*

Donc par fon dire mefme, on doit conclure que Mr Defargues à grandement augmenté la pratique de Perfpectiue de Mr Aleaume ; Et de plus que luy & le Bicheur font Copiftes de cette augmentation, l'vn par manufcrit, & l'autre par impreffion.

Mais apres tout, je demande à ces Meffieurs fi c'eft *en cela & ce qui a precedé où doit eftre leur mot pour rire, & ce qui me deuoit donner de la mortification,* ou bien en l'endroit où cét Efcriuain voulant faire paffer pour valable fa pauure *pratique Eftropiée,* touchant la place des jours & ombres par la lumiere du Soleil à l'exclufion de la noftre *complette & vniuerfelle,* & où il aduance en trahiffant cét Art & la Geometrie ; *qu'il n'eft point befoin d'en donner de telles, puis que les Peintres ne les pratiquent point, & que ceux qui font faire les ouurages ne s'en foucient peu ou point, & ny prennent pas garde.*

Ou bien encore quand il confeffe, *qu'il eft ignorant en la Pourtraiture ou Perfpectiue,* & qu'il cite faux, quand il auance que *c'eft en mon dernier liure où j'ay aduerty dans l'errata, qu'il y a vn fleuron mis mal à propos,* qui eft dit-il, *tout ce qu'il y a trouué de bon ou de meilleur ;* Car mon dernier imprimé eft celuy de la Perfpectiue, pour les voûtes & Tableaux ireguliers ; Mais c'eft dans mon petit des fentiments fur les Tableaux originaux & copies, & les Stampes, où eftant commeil dit *ignorant ;* S'il

n'y a pas trouué fon compte, je ne dois ce me femble eftre ga-
rand de fon ignorance, ny de fa fauceté, ny auffi de celle de
fon Monfieur l'inconnu, lequel aduance que l'original de
Mr Defargues qui eft fa cage qu'ils nomment *Mifterieufe*, *eft*
*imprimée le 6. Feurier 1643.* Car au contraire, c'eft en May,
1636.bien qu'il en euft obtenu le Priuilege en 1630.comme il fe
voit par fon dernier.

Mais afin que celuy qui m'a enuoyé ledit libelle ne foit plus
en peine de l'endroit où j'ay eu cette mortification, je declare,
que c'eft d'auoir connu, que fon Monfieur & l'Efcriuain mar-
qué qui luy a indiqué, pour eftre allez en Auignon & plus
loing, n'en font pas deuenus meilleurs ( au contraire ) & auffi
en ce que cét Autheur fait connoiftre qu'il eft de naturel à
payer s'il pouuoit de mauuaife monnoye, quoy qu'il en aye de
bonne, & ceder à des tentations qui le rendront s'il n'y prend
garde,bien autrement fec fans comparaifon que Mr Defargues
car il doit fe fatiguer beaucoup l'efprit, quand ayant fait des
efforts extraordinaires, il n'atrape pas ce qu'il pretend : Cela
foit auffi dit auec vn qu'il y penfe bien, pour fi faire ce peut
le mortifier au point, qu'il vienne à repentance, & à faire
reftitution.

Ie le remercie pourtant de ce qu'il a demandé à fon Monfieur, de luy coter l'endroit où j'ay dit qu'il n'y auoit point de
Perfpectiue en France auant celle de Mr Defargues, ce qui eft
la maniere d'impofer de celuy qui auança il y a quelques années à Mr feu Pointel, que j'auois meprifé les ouurages de
Monfieur le Pouffin, car je ne croy pas en auoir plus eftimé
que ceux là, non point par oppinion, mais par raifon demon-
ftratiue, en plufieurs de leurs parties. Auffi n'a-t-il jamais eu
la hardieffe de paroiftre pour maintenir fon faux alegué,à caufe qu'il luy eftoit efchapé de dire que cela auoit efté dit en
bonne compagnie, ce qui eftoit mon fort.

Et touchant ce que ce Monfieur & fon Efcriuain ont voulu
changer, ou pour mieux dire corompre, le fens de la Lettre
que Monfieur le Pouffin m'a écrite de Rome, au fujet du
liure de la Peinture, attribué à L. de Vinci, je les en deffie,
puis que l'on y verra toûjours qu'il y dit, *Que tout ce qu'il con-*
*tient de bon fe peut écrire fur vne feuille de papier en groffe lettre,*
quoy qu'il foit compofé de 364. Chapitres, *Et que des ganfes*
*phifages y ont efté adjoints par vn certain Errard fans qu'il en ait*
*rien fceu, Et de plus que ceux qui croyent qu'il approuue tout ce qui y*
*eft ne le connoiffent pas,luy qui profeffe de ne donner lieu de franchife*

*aux choſes de ſa profeſſion qu'il connoiſt eſtre mal faites ou mal dites.*
Car ce que deſſus ne peut ny ne doit eſtre adapté à ces mots, *Au demeurant il n'eſt pas beſoin de vous rien écrire touchant les Leçons de l'Academie, vous eſtes trop bien fondé ;* Puis que cela ſert de répence à ce que j'auois écrit ciuilement ſur la fin de ma Lettre, où je priois Monſieur Pouſſin me fortifier de ces bons auis, pour les Leçons que je donnois dans l'Academie ; au reſte je ne croy pas que ce ſoit non plus en ce que cét Eſcriuain y adjoûte vn Y, diſant *vous Y eſtes trop bien fondé,* car il n'y trouueroit pas mieux ſon compte.

Ie n'ay pas jugé à propos de m'arreſter à diuers galimatias de ſon libelle, quoy que la plus part ſoient captieux, & qu'il attribuë à ſon Monſieur. *Premierement ſur des affiches qu'il nomme à tort eſtre ſcandaleuſes,* puis du pretendu *baragoüin du petit pied, de la dangereuſe coupe d'eſpadon, du Broüillon projet de Monſieur D. de ſon Latin ;* Et enfin *de la Lettre de Monſieur des Cartes ſur l'algebre,* & de *fauſſes citations contre moy ;* d'autant que les principales de ces choſes, ſont Leçons de Tenebres pour ſon inconnu, c'eſt pourquoy il les faut tenir pour eſtre de cét Eſcriuain, & croire qu'il les a citées malicieuſement ; car autrefois il a fait de pluſieurs d'icelles beaucoup d'eſtime, ce que meſme il a adüoüé dans ſon libelle.

Mais comme il me ſouuient que Mr Deſargues m'a dit autrefois que cét homme eſtoit d'humeur variable, & à eſpargner la verité, l'ayant auſſi reconnu, je ne m'eſtonne pas s'il a trouué mauuais que ledit Sr D. luy aye fait reciter pluſieurs fois en compagnie celles qui luy eſtoient eſchapées ; & me ſouuient luy auoir dit vn jour en gaillardiſe d'amy, que ſi je n'auois remarqué ce deffaut en luy, j'aurois creu tous les hommes menteurs, excepté les Geomettres : Qui eſt ſans doute ce qui l'a obligé d'auancer que le Diſciple de Mr Deſargues eſt auſſi entreprenant qu'il a eſté autrefois, & d'appuyer la fade raillerie de Laſcher ſon L, pour me comparer à vn chien ; car tout bien conſideré, j'ay lieu d'en tirer gloire, puis que l'on donne ce titre à ceux dont la vocation eſt de reprimer les vices, & empeſcher que les loups ne perdent leurs troupeaux. Et meſme que l'on ne trouue point mauuais en cette ville, quand les chiens aboyent apres les chifonniers leurs ennemis couuerts.

Finalement ce pauure Eſcriuain enuinotté, a voulu encore malicieuſement donner atteinte s'il euſt pû, à ce qui eſt contenu en la traduction Françoiſe du Traité du feu P. Niceron Minime, où il s'eſt retracté de ce qu'il auoit auancé dans ſon tra-

mail Latin, contre la regle de Mr Desargues d'où ce Monsieur &
luy, tirent encore cette fauce consequence; *Qu'il faut que se soit*
*Mr Desargues ou moy, & non pas l'Auteur, qui auons fait glisser*
*cela dans cette traduction* ( ce qui est vne chose dite contre sa
conscience, si tant est qu'il en air) puis que ç'a esté à ce que j'ay
sceu depuis peu, ledit P. Niceron, lequel ayant esté desabusé
de sa fauce oppinion par le P. Mercenne, s'en retracta luy-
mesme dans cette Traduction qu'il a commencée; Et son de-
ceds ne luy ayant pas permis de la mettre au jour, ledit P. Mercenne, & Monsieur de Roberual l'ont paracheuée, & feu
Mr Chiartres & sa vefve, ont eu le soin de l'impression, & mise
en l'estat qu'elle est aujourd'huy, sans la participation d'aucun
autre; Aussi la faucèté demeure euidente par elle mesme; en ce
que le P.N. pretédoit dans son Traité Latin, que Mr Desargues
auoit pris sa pratique *Dacolti Danti sur Barrocieus*; & aujour-
d'huy ces faiseurs de libelles & lettre d'Ecolier, sans nom, auec
leur Copiste le Bicheur s'auisét de dire que c'est du Sr Aleaume
Quoy que ce deguiseur & falcificur, m'ait autrefois dit, *auoir*
*fait voir à Monsieur Tauernier mon Cousin, que j'auois eu raison de*
*luy écrire, que le titre du liure de la pretenduë Perspectiue de Monsieur*
*Aleaume que Mrs Migon, Tauernier & Chiartres auoient fait im-*
primer, dont cét Escriuain fait vn grand narré remply d'extra-
uagances & faucetez, *ne conuenoit pas audit Traité, puis que*
*dans iceluy, il n'enseignoit point la pratique de trauailler en Perspecti-*
*ue sans sortir du Tableau ou champ de l'ouurage côme dans le nostre.*

Il a aussi dit pour donner quelque couleur à son lasche procedé, *qu'il a fait ce libelle à cause que nous auons écrit contre luy,*
*estans faschez qu'il aye donné audit P. N. sa pratique des jours &*
*ombres*, ce qui est encore contre verité; car nous n'auons pas
droit de l'estre, puis qu'elle est S. P. Q. R. Et que jusques à
present nous auons douté qu'elle vint de luy, & qu'il fust si
ignorant en l'Art de Pourtraiture ou Perspectiue, mais comme
en cela il sçait qu'il dit vray, je n'en appelle point.

Par cét eschantillon on peut juger du reste de la piece, & remarquer le mauuais genie de nos enuieux, qui se cachent, &
toûjours par lascheté, & la reconnoissance de la foiblesse de
leurs raisons, pour nuire impunement, ou pour mieux dire im-
pudamment à des personnes qui employent leur loisir & leurs
biens à l'vtilité du Public, & qui n'ayant que des motifs d'honneur & de vertu, trouuent beaucoup dauantage de faire paroi-
stre au jour leurs noms & leurs demeures.

A Paris par A. Bosse en l'Isle du
Palais, en Avril 1661.

*Celuy qui m'a enuoyé le libelle dont est question, pourra sçauoir, que je n'aurois pas manqué de luy faire present de cét imprimé, pour le rejouir en reuanche du sien, s'il n'auoit point reuelé le secret à son Garçon, & ne m'eust écrit qu'il ne veuloit de sa vie en entendre parler: Ce qui est à mon sens vn plaisant raisonnement.*

*Car par ce moyen on pourroit offencer & voler impunément à jeu seur, si l'on auoit droit d'imposer ainsi le silence aux opprimez.*

I'ay pensé deuoir ajoûter icy, qu'vn Autheur de ma connoissance m'ayant dit chez luy & chez moy, qu'il enuoyeroit vn homme pour demander à Monsieur Desargues le prix des cent pistolles, lors qu'il auroit mis en lumiere son Traité de la Perspectiue par les Angles; mais n'en ayant rien fait, quoy qu'acheué d'imprimer, j'ay creu qu'il a bien pris ce que je luy en ay dit; Qui est, que pour les Peintres, leur vsage n'est pas de sçauoir l'ouuerture de tous les angles des corps qu'ils veulent representer, ny d'estre obligez de sortir du chãp de leur ouurage ou du Tableau en vne infinité de rencontres; Et qu'encore que vers la fin de mon Traité il y ait vne pratique par ces angles sans estre obligé d'en sortir, & vne autre par la ligne des parties egales du Compas de proportion, nous n'en faisons pas grand estime, ne les y ayans mises en partie que pour les Caualiers, qui veulent representer en petit quelques fortifications en Perspectiues & semblables choses.

Il le la intitulée affranchie, & auance qu'il trauaille sans faire de Plan, mais de cela je m'en raporte aux demonstrations Geometriques, quoy qu'il m'aye dit qu'il s'en moquoit.

Toute réponce d'honneste homme à ce qui precede, portera le nom de son Autheur.

Pour ce qui regarde en particulier Monsieur Desargues, il est pour y répondre s'il veut, & quand je luy en parle il me dit en partie cecy.

*Quiconque est naturellemetn frappé d'vn coin notable à beau changer & rechanger de climat, il n'en pert jamais la marque.*

*Medisance & attaque en galimatias & mots de choix pour ennemis, enuieux & nouices, ne me sçauroient toucher.*

*L'afront de la corneille d'Esope ne me peut arriuer.*

*Ie ne sçay que Dieu me garde à l'aduenir; mais jusques à present ( dont je le remercie ) tout sec que je sçaurois estre, il ne m'a fait enuier l'embonpoint de l'vn ny de l'autre de Messieurs les freres Chauueau, pour glorieux qu'ils se montrent d'vn libelle sans nom d'Autheur, qui est à dire d'vn homme qui hait la lumiere.*

*Voyant le fagotage de ce libelle, je ne m'estonne d'auoir ouy dire du Mathematicien, que je n'en connoissois pas l'esprit, ny du peu de satisfaction qu'en ont eu ceux ausquels je l'ay diuersement adressé pour son vtilité.*

*Si j'y trouuois son nom, & qu'il valust que j'en prisé la peine, je pourrois bien justifier qu'à mon égard, il manque de memoire & de sincerité; Qu'il est foible, artificieux ou malicieux, entre autres, en ce qu'il m'impose touchant Monsieur Aleaume, & touchant ses deux pratiques des ombres en la Pourtraiture, l'vne imaginairement imprimée dés auant qu'il fust connu au monde; & en ce que dans ce libelle il debite de l'autre à sa grande honte, côfusion & mortification.*

de n'auoir sceu connoistre pour quelle raison j'ay dit & puis dire encore, que telle pratique en la Pourtraiture des ombres au Iour du Soleil ( outre quelle est particuliere ainsi qu'il auoüe ) est dailleurs en partie fausse, & la mienne estant comme elle est entierement vraye, à parler plus en verité qu'il ne parle, je n'ay pû l'emprunter de luy.

Que tout versé qu'il se prosne à enseigner les Mathematiques, à battre le païs de Perspectiue dans ses routes d'ombre, à en inuenter des pratiques : Si touchant ce point là qui luy est essentiel & luy tient au cœur, il ne s'explique d'autre sorte qu'encore il ne paroist qu'il ait fait, on auroit à luy en dire; qu'il y fouruoye & chope aussi lourdement que sçauroit faire le moindre du monde qui n'auroit que veu les elements de Geometrie : Et par cet article on jugeroit de l'esprit du personnage, & de l'espece du surplus de son libelle en missiue sans date, adresse, ny seing.

Fourré de raisons & bauarderiss ineptes & pitoyables au sens commun, pour maintenir & faire preualoir en cette Art, une pratique restrainte au tres-particulier, tenant de l'impossible & mal ou faussement enoncée ; contre une autre uniuerselle, également possible & aisée autant ou plus que cette particuliere en son plus simple.


**L. S. D.**